O COTIDIANO DA HISTÓRIA

EDIÇÃO
REFORMULADA
E AMPLIADA

A democracia grega

Martin Cezar Feijó

Professor universitário e escritor. Historiador formado pela Universidade de São Paulo. Doutor em Comunicação pela ECA-USP. Lecionou no Ensino Fundamental e Médio durante anos.

Ilustrações

Oswaldo Sanches Sequetin

editora ática

Apresentação

Esta história se passa 399 anos antes do nascimento de Cristo. A cidade de Atenas, na Grécia, ainda sofria as consequências das várias guerras em que se envolvera nos últimos cem anos. A primeira batalha de peso foi iniciada em 490 a.C., contra os persas, confronto que promoveu grandes mudanças no mundo helênico. A principal delas foi o fortalecimento de Atenas, que se impôs sobre as demais cidades gregas após derrotar as tropas inimigas. Muito se deveu ao dinheiro arrecadado com a Confederação de Delos, uma coligação das cidades helênicas surgida durante a guerra, com o objetivo de recolher tributos para as despesas militares.

Este foi o período mais rico da história ateniense. Graças a esses recursos, a cidade, destruída pelas batalhas, foi praticamente reedificada, e teve início o momento mais significativo de um regime político nascido na Grécia: a democracia.

A riqueza de Atenas, que se tornou a mais bela das cidades antigas, se fez à custa de outras cidades e da exploração de outros gregos. Isto acabou provocando um outro conflito: a Guerra do Peloponeso. Iniciado em 431 a.C., somente terminou 27 anos depois, com a vitória dos espartanos, marcando o fim do domínio de Atenas sobre o mundo helênico.

É a cidade de Atenas, após seu apogeu e sua derrota, que você vai conhecer neste livro. Os efeitos das guerras estavam no cotidiano das pessoas. Simbolizando esse período foram criados, para contar esta história, dois jovens que poderiam ter existido: Glauce e Teodoro, uma garota curiosa e um rapaz valente, irmãos no sangue e na vontade de explorar e conquistar o mundo. E é com eles que nós vamos saber um pouquinho do cotidiano da história da cidade de Atenas, onde vigorou a chamada democracia grega.

Sumário

A democracia grega

Uma visão da História

1

No Partenon

A tarde era bonita e o sol ainda brilhava forte. E Glauce foi ao encontro de Atena Políade, a deusa protetora da cidade de Atenas. Glauce havia ido ao ponto mais elevado da cidade, a Acrópole, sem avisar seu pai, um artesão do bairro do Cerâmico. Ela não tinha mãe, só um irmão mais velho, de nome Teodoro. Mas naquele momento ela queria ficar sozinha com a deusa, no templo do Partenon.

Após subir as escadarias de mármore, de onde se avistava o esplendor do templo, com suas colunas trabalhadas, e também a imensa imagem da deusa Atena, Glauce entrou silenciosamente no Partenon. Ela procurava outra estátua, a que ficava no interior do templo, feita de marfim e folheada a ouro, com quem queria conversar.

Os olhos de Glauce brilhavam mais do que o sol naquele final de tarde. O templo estava deserto. Ela ouvia o eco de seus passos em direção à deusa. A solidão era propícia para o diálogo com Atena, que, imponente, olhava em linha reta, tendo em sua mão direita uma pequena estátua de Nike (símbolo da "vitória") e na esquerda um escudo e uma lança. Vestida de túnica, toda trabalhada em ouro, a deusa tinha um capacete onde aparecia uma esfinge e, no peito, uma medusa – Glauce a contemplava, como sempre gostava de fazer antes de começar a falar com a deusa:

– Diga-me, minha deusa, querida Atena, virgem protetora da cidade e deusa da inteligência: no Olimpo, onde você mora, tem lugar

para uma moça curiosa? – Glauce ouvia apenas o eco de suas perguntas, que não tinham fim. – E os heróis, os semideuses, que ganharam a graça de habitar próximo aos deuses, o que fazem lá? Hércules ainda realiza seus trabalhos? E o jovem Aquiles, que o poeta Homero cantou, ainda conversa com sua mãe sobre sua ira e seu destino? Ulisses continua mentindo?

Enquanto Glauce perguntava, Atena Políade continuava parada, firme, serena e digna, como deve ser uma deusa, sugerindo, mais do que respondendo, com seu silêncio.

Os pensamentos solitários, e ditos em voz alta, que clamavam por respostas mais complicadas do que as perguntas que Glauce se fazia, foram interrompidos por passos fortes que vinham do pórtico de entrada.

Algumas pessoas entravam no templo, o que assustou Glauce. Ela não queria ser vista num diálogo tão íntimo com a deusa. Escondeu-se atrás de uma das colunas para observar quem entrava e o que iriam fazer ali.

Eram dois homens bem vestidos, da classe dos eupátridas, os bem-nascidos, que não procuravam a deusa, mas apenas conversavam entre si.

O mais velho dizia ao mais jovem:

– Escute bem, Meleto, o seu papel é muito claro. Não deixe de escrever ainda hoje ao arconte-rei. O futuro de Atenas depende de você! O futuro da democracia grega depende de sua coragem cívica!

Glauce, atrás de uma coluna, ouvia atentamente, sem entender muito bem o que aqueles dois conversavam em tom tão grave e em voz baixa, como se conspirassem.

– Pode deixar, Anitas – respondeu Meleto, o mais jovem. – Ainda hoje cumpro meu dever de cidadão ateniense. Com a graça e o apoio de Atena Políade, aqui diante de nós, entrego a carta-denúncia ao arconte-rei. É o mínimo que um jovem poeta como eu pode fazer pelo bem da cidade, pelo bem de sua pólis.

– Como você vai dizer ao arconte-rei, Meleto?

– Já decorei, conforme instruções suas e do orador Lícon. Vou dizer exatamente assim... – e com a voz empostada, declamando um texto decorado, Meleto repetiu ao rico e chefe do partido democrático, Anitas, o texto acusatório: – Esta acusação jurada é de Meleto, natural do *demos* Piteu, contra Sócrates, filho de Sofronisco, natural do *demos* Alopecense. Sócrates é culpado de não acreditar nos deuses em que acredita a cidade e de introduzir divindades novas; é ainda culpado de corromper a juventude. Pena pedida: a morte.

– Muito bem, Meleto. E Lícon? O que vai fazer após a denuncia?

– Ele vai fazer na Assembleia do Povo o discurso de justificativa da acusação. Desta vez o velho irônico não escapa. Vamos condená-lo à morte para salvar a democracia de Atenas.

– Mais do que isso, jovem Meleto, vamos salvar Atenas!

Glauce, ainda escondida, começou a ficar assustada com o tom da conversa. E pensou: “Quem será esse Sócrates que parece ser tão perigoso? Será um monstro? O que ele faz com os jovens para ser condenado à morte?”. Absorta em seus pensamentos, fruto sempre de uma grande e perigosa curiosidade, Glauce nem percebeu que uma de suas pulseiras caía no chão, fazendo grande barulho.

– O que foi isto? Que barulho foi este? – gritou Anitas, já com a espada fora da bainha.

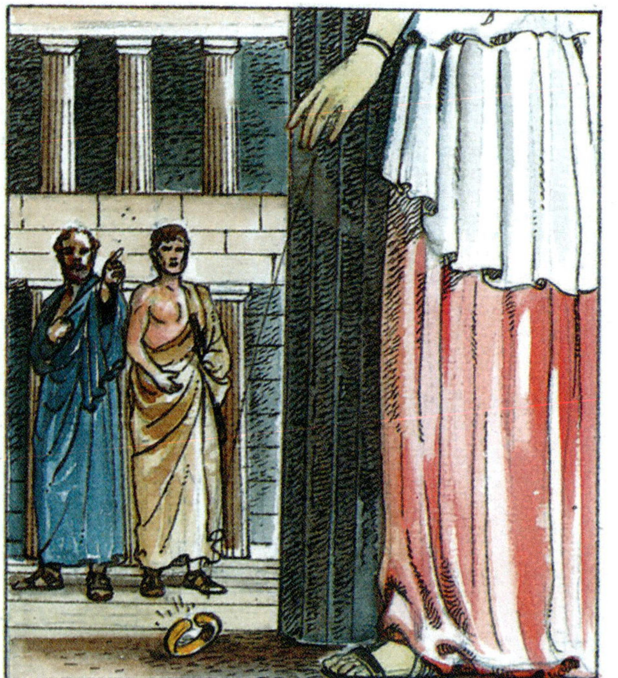

– Não sei, alguém nos escutava. E o barulho vem daquela coluna ali – respondeu Meleto.

Na mesma direção, mas por lados diferentes, os dois se dirigiram à coluna onde estava Glauce, que foi agarrada antes que pudesse fugir. Segura por Meleto, foi interrogada por Anitas:

– O que você fazia aqui, garota? Por Zeus, isto são modos de uma jovem ateniense? Ouvir conversa detrás das colunas do templo?

– Eu não fazia nada. Eu apenas conversava com a deusa Atena quando vocês chegaram... – gaguejou Glauce.

Os dois se puseram a rir com a resposta singela, e no entanto tão sincera. Ela aproveitou a folga para também interrogar:

– E vocês? Quem são?

– Não é de sua conta, garota. Não vê que pertencemos a uma classe diferente da sua? Isto não basta?

A classe a que pertenciam Anitas e Meleto, a dos eupátridas, se dizia herdeira dos antigos heróis que teriam fundado a cidade de Atenas com a ajuda dos deuses. Também eram proprietários de terras e de escravos e dominavam o poder político. Desprezavam os que se dedicavam às atividades manuais. Pelas roupas de Glauce sabiam que ela pertencia à classe dos artesãos pobres. E ela, assustada, pediu para que a libertassem.

– Nós vamos soltá-la, mas antes você vai ter de nos dizer o que ouviu aqui – exigiu Anitas.

– Eu não ouvi nada – respondeu Glauce.

– Está mentindo! Vamos lá, garota, quanto você quer para ficar calada e não dizer a ninguém o que ouviu?

– Nada. Eu não ouvi nada. Como é que vou dizer aos outros o que não ouvi?

Meleto resolveu intervir para acalmar Anitas, chamando sua atenção para o exagero de suas preocupações:

– Calma, Anitas, ela nem sabe do que se trata. E também não tem problema algum. Amanhã ou depois toda a cidade saberá de nossos planos. Vamos torná-los públicos com a minha denúncia. Deixe eu soltar a menina, ela nada poderá fazer contra nós. Ainda se fosse um rapaz...

– Você tem razão, Meleto, ando meio nervoso. Vá embora, garota, e esqueça o que aconteceu aqui! – ordenou Anitas à jovem, que Meleto já soltava.

Ela saiu correndo em direção à sua casa, querendo o mais rápido possível escapar dali, mas não para esquecer o que ouviu, pelo contrário, agradecendo a deusa Atena pela oportunidade, para descobrir por que queriam a morte de um velho chamado Sócrates.

2

No Cerâmico

Glauce morava no bairro do Cerâmico, que tinha esse nome por ter muitos artesãos, principalmente de cerâmica. Era o caso de seu pai, Ariston. Ele produzia para vender no mercado da ágora, a praça pública. Homem livre, Ariston também tinha o direito de participar na vida pública, na política de Atenas. Só não tinha tempo. Seu trabalho ocupava grande parte de seu dia. Ariston também não se considerava preparado para as coisas da política.

– Isso é para os bem-nascidos – dizia –, para os eupátridas. Foram eles que inventaram o governo, são eles que têm tempo e preparo, não um velho trabalhador de cerâmica como eu.

Essa não era a opinião de Teodoro, seu filho:

– Nada disso, pai. A luta é antiga, vem desde a época do grande legislador Sólon, o primeiro reformador apoiado pelo povo. Passa por Clístenes, o criador da democracia, e final-

mente por Péricles, que ampliou os direitos do povo. Antes deles somente os eupátridas governavam e faziam o que bem entendiam conosco, com os mais pobres, na paz e na guerra. Agora não, eles têm de nos ouvir. Temos o mesmo direito de governar Atenas e disso não podemos abrir mão.

– Engano seu, meu filho – retrucava o pai. – Eles ainda mandam. São sempre maioria nas assembleias. Só que agora fazem o povo acreditar que participa. Assim dói menos. É só aparecer um homem corajoso duvidando e você vai ver a liberdade que nós temos...

Ariston vivia discutindo com o filho. Afinal, Teodoro já completara vinte anos, tinha cumprido seu serviço militar e não via a hora de participar da vida pública. Sua mãe havia morrido quando do nascimento de Glauce, dois anos mais nova que ele.

Glauce, por sua vez, teve uma formação diferente das outras meninas de seu tempo, que viviam presas em casa. Desde pequena brincava com os amigos de Teodoro e este ensinava-lhe tudo o que aprendia, contando-lhe histórias dos deuses e heróis, despertando nela uma imensa curiosidade pelas coisas da Grécia. Foi dessa imaginação estimulada que Glauce adquiriu o hábito de conversar com a deusa Atena Políade, como havia feito neste dia, onde o resultado fez com que ela chegasse em casa pálida e assustada, interrompendo a conversa do pai e do irmão.

– O que aconteceu, menina? Você parece assustada!

– Eu estava no Partenon, conversando com a virgem Atena...

– ... E a deusa desceu do pedestal para conversar com você? – interrompeu brincando Teodoro.

– Não brinque, Teodoro, é sério. Eu estava lá quando entraram dois homens falando que vão condenar à morte um velho que prejudica a democracia.

– Estranho isso; que velho? – Teodoro começava a ficar curioso.

– Um velho chamado Sócrates. Eles diziam que ele despreza os deuses de Atenas, que pretende introduzir outros e que corrompe os jovens com suas ideias.

– Eu sei quem é esse velho – interveio Ariston. – É um pobre-coitado como nós, meio louco, que conversa com demônios. É filho de um artesão e de uma famosa parteira. Chamam-no de sofista. Mas ele não gosta porque, ao contrário dos sofistas, não cobra nada para ensinar. Na verdade não ensina nada. Ele só faz perguntas a quem pergunta alguma coisa. É físico também, estuda os corpos celestes. Uns dizem que é louco, e outros, que não passa de um charlatão, o que eu não acredito. Acho que é louco mesmo. Ele não ganha nada com o que faz, até fome passa. Eu conheço a mulher dele, se chama Xantipa. Costuma dizer que ele leva a moral para casa mas não consegue o pão para os filhos. Uma vez, isso já faz bastante tempo (acho que foi antes da guerra com os espartanos), assisti a uma comédia no

teatro que falava nele. O autor era Aristófanes, e a peça se chamava *As nuvens*. Nela, Sócrates aparecia pendurado num cesto, como se estivesse próximo das estrelas, longe da realidade. Não é de hoje que não gostam dele. Na peça, ele enganava todo mundo, de eupátridas a escravos. Não sei se é verdade ou mentira. Eu não entendo muito disso...

Glauce fingia não ouvir o que o pai dizia enquanto tomava sua *máza*, uma sopa de farinha de cevada misturada com água. Teodoro também sabia que o pai falava aquilo para afastá-los da curiosidade, por isso também disfarçava seu interesse no assunto. Ariston, sentindo estar falando sozinho, retirou-se para dormir num canto, apagando uma das lamparinas de terracota.

Os três moravam numa *sinóikia*, que era uma casa composta de vários cômodos, divididos entre várias famílias, como a maioria dos pobres de Atenas. Ariston, Teodoro e Glauce se entendiam bem, embora o velho artesão não gostasse muito da fértil imaginação dos filhos. Julgava que isso prejudicaria o futuro artesão que deveria ser Teodoro e a futura esposa de um artesão que deveria ser Glauce. Por isso, os dois irmãos esperaram ter certeza de que o pai dormia para retomarem o assunto.

– Glauce, você acha que esse homem é perigoso? – puxou conversa Teodoro. – Eu acho que não. Eu gostaria de conhecer esse velho que provoca tanto medo. Como eram os homens que querem a sua morte?

– Um era bem moço e bonito. O outro, mais velho. Mas os dois estavam bem-vestidos, com sandálias prateadas. O mais velho dava ordens ao mais jovem, e falava bem.

– Você os reconheceria se os visse de novo?

– Claro. Nunca mais vou me esquecer da cara deles.

– Eu sei onde a gente pode encontrá-los.

– Onde?

– Na Assembleia do Povo, onde todos os cidadãos fazem as leis e discutem os assuntos da cidade.

– E todos podem participar?

– Bem, nem todos. Eu, por exemplo, posso. Já cumpri o serviço militar, nasci em Atenas e não sou escravo... – respondeu Teodoro.

– E eu? Posso?

– Você não. Não podem ser membros da Assembleia as mulheres, os estrangeiros e os escravos.

– Mas eu quero ir junto com você.

– Não pode. Eu já disse, mulher não pode.

– Mas se eu não for junto com você como é que você vai saber quem são os homens que eu vi no Partenon?

– É verdade. Eu não tinha pensado nisso.

– E se eu fingir que sou homem, virar cidadão de Atenas?

– Também não dá. Eles controlam a entrada da Assembleia com a lista dos cidadãos.

– Então vai pouca gente nessa Assembleia?

– Umas três mil. Às vezes chega a seis mil. Mas eu sei que uns quarenta mil cidadãos têm direitos em Atenas.

– E se eu usar um nome que tem na lista?

– Aí pode ser. Mas qual?

– Eu posso usar o nome de Hipólito, que morreu no mês passado. Eu gostava muito dele, assim lhe presto uma homenagem.

– Pense bem, Glauce. Hipólito também é o nome do infortunado filho de Teseu. Não se esqueça de que com sua inocência ele teve um fim trágico.

– Não tem perigo, Teodoro. Comigo vai ser diferente. Amanhã mesmo corto os cabelos, guardo as pulseiras e vou junto com você procurar saber por que esse velho de nome Sócrates ameaça tanto a democracia grega.

3

Na Assembleia do Povo

A colina Pnice era onde se reunia a Assembleia do Povo, principal instituição da democracia em Atenas. Ficava a oeste da acrópole, um pouco afastada da praça do mercado (antigo local das reuniões) e do centro da cidade. A Pnice era levemente inclinada, em forma de semicírculo, e continha alguns bancos de madeira. Ao fundo havia uma tribuna entalhada na rocha, onde os diversos oradores eram ouvidos por todos. Mais de vinte mil pessoas podiam se juntar na Pnice, embora fosse raro a Assembleia do Povo atingir esse *quorum*. No alto da tribuna havia um altar para Zeus Agoraio, o principal deus dos gregos, que recebia as orações antes de cada sessão.

Glauce (disfarçada de Hipólito) e Teodoro chegaram cedo à Pnice. Havia pouca gente, mas a sessão não demoraria a começar. Foram barrados na entrada pelo controlador de *quorum*, que lhes pediu os nomes e o *demos* onde moravam.

– Eu nunca vi vocês aqui – estranhou o controlador.

– É que hoje é a primeira vez que frequentamos a Assembleia do Povo – foi logo respondendo Teodoro, que procurou chamar a atenção para si.

Após a autorização da entrada, Glauce e Teodoro receberam o que os atenienses chamavam de *mysthós*, um salário simbólico equivalente a um dia de trabalho, a mesma quantia que recebia um juiz para cada sessão no tribunal ou os mais pobres para assistirem aos festivais de teatro. Todas as atividades públicas em Atenas – na Assembleia do Povo, no tribunal ou mesmo no teatro – eram remuneradas. Glauce ficou exultante com a democracia que financiava os cidadãos, estimulando-os a defender livre e diretamente seus interesses.

– Quer dizer que aqui se ganha para defender aquilo em que se acredita? – perguntou Glauce ao irmão.

– Fique quieta, não deixe que ouçam sua voz! – Teodoro, apesar de tentar conter o entusiasmo da irmã disfarçada de homem, também demonstrava fascínio pela experiência.

A instituição do pagamento pela atividade pública havia sido inicialmente estabelecida na época de Péricles. Foi abolida somente quando Atenas foi governada pelos trinta tiranos apoiados pela cidade de Esparta. Mas o movimento do partido democrata derrubou a tirania e restabeleceu a democracia. Mesmo assim, os efeitos de várias guerras se abateram sobre o ânimo da população em participar das decisões. O governo então aumentou o salário diário de um para três óbolos. E a Assembleia do Povo podia decidir sobre qualquer questão, com total soberania: na administração e defesa da cidade, na eleição dos dez generais que iriam comandar o exército ateniense, na escolha dos juízes, nos gastos do governo, nos interesses da religião, na política com outras cidades gregas e outras nações etc.

A Assembleia tinha início quando um prítane (sorteado a cada sessão entre os membros do Conselho dos Quinhentos) fazia um apelo aos presentes para que ficassem em pé e orassem para Zeus Agoraio.

Naquela sessão, em que Glauce e Teodoro participavam, eram poucos os presentes em seu início. O prítane, após as orações, considerou aberta a sessão e passou a palavra aos oradores que quisessem fazer uso dela.

Um homem de meia-idade, bem-vestido, de túnica de chitom presa com alfinetes prateados e um manto, apesar do calor, pediu a palavra e subiu à tribuna onde fez um discurso emocionado:

– Povo de Atenas, cidadãos livres do mundo, venho aqui pedir uma lei para estimular os jovens a conhecer melhor nossas tradições. Os jovens precisam amar e respeitar mais seus deuses, conhecer mais nossa cidade e participar mais da Assembleia, ouvindo os mais velhos e aprendendo com sua experiência. Por isso venho aqui nesta sagrada tribuna, sob a proteção de Zeus Agoraio, solicitar a esta Assembleia que vote uma lei estabelecendo a obrigatoriedade aos jovens quites com o serviço militar a participarem das assembleias como ouvintes durante dois anos, sem direito a voz e a voto até que aprendam a praticar a democracia e a respeitar mais nossas tradições...

E continuou seu discurso por quase uma hora. Glauce se sentiu entediada e perguntou a Teodoro por que se perdia tanto tempo em assunto que não tinha a mínima chance de ser aprovado.

– Esse aí é um demagogo – respondeu Teodoro –; ele procura levar o povo a discutir o que não interessa para que se esqueça do mais importante.

Antes que Teodoro desenvolvesse seu raciocínio, Glauce o interrompeu, apontando para a tribuna:

– Olhe, Teodoro, são eles! Os dois que eu vi no Partenon. Eles estão conversando com o prítane.

Dizendo isto, Glauce desceu a colina para ficar mais próxima da tribuna, sendo acompanhada por Teodoro.

O demagogo terminou seu discurso sem aplausos nem apupos. A plateia estava indiferente e pequenas rodas na Assembleia já comentavam a notícia que corria pela cidade.

O prítane também foi informado e deu a palavra a Lícon, conhecido orador da Assembleia, que discursou para uma audiência mais interessada:

– Por Zeus Agoraio, trago ao povo de Atenas uma importante notícia: acaba de ser entregue ao arconte-rei uma grave denúncia. Venho aqui não apenas para comunicá-la a vocês, mas também para justificá-la. Meu povo livre de Atenas, graças à ação corajosa do jovem poeta Meleto, aqui presente ao meu lado, junto com o cidadão Anitas, foi hoje denunciado pelo crime de impiedade, Sócrates, do *demos* Alopecense. Ele é acusado por ofensas aos deuses que nos protegem e guiam, por introduzir novos deuses e por corrupção moral de nossos jovens com suas ideias subversivas. Será julgado pelo Tribunal da Helieia, por quinhentos juízes sorteados entre os cidadãos. Como a maior parte desses juízes se encontra aqui presente, aproveito para pedir a eles que condenem à morte o velho Sócrates, pela defesa de Atenas, da democracia de Atenas, das instituições de Atenas, das crenças de Atenas...

Enquanto Lícon fazia seu discurso inflamado, o burburinho tomava conta da Assembleia, e se alastrava pela colina Pnice. Todos queriam falar, expor suas ideias, contra ou a favor do velho Sócrates. O dia foi tomado pelo tema. A curiosidade de Glauce e Teodoro aumentou. Eles ouviram que Sócrates já havia sido soldado, escultor de imagens de deuses, estudioso dos corpos celestes; que também já havia sido prítane, que irritava a todos com suas perguntas constantes, que atraía a atenção dos jovens, ricos e pobres, que se dizia médico das almas, parteiro de ideias, que conversava igualmente com escravos, mulheres, estrangeiros ou cidadãos livres etc. Tudo isso utilizado ora para condená-lo ora para absolvê-lo. Mas o próprio Sócrates não estava presente, o que fez Glauce perguntar ao irmão:

– Por que ele não vem aqui se defender?

– Não sei. Mas é isso que devemos descobrir.

Glauce e Teodoro deixaram a Assembleia mais curiosos do que quando entraram. Havia um mistério a desvendar: por que queriam a morte de Sócrates? Por que isto ganhava o primeiro plano nas preocupações da cidade mais importante do mundo? Como todos os gregos, principalmente atenienses, eles sabiam que, para desvendar mistérios, somente o oráculo de Delfos poderia ajudá-los.

4

No oráculo de Delfos

Em Delfos, povoado que ficava a quase um dia de caminhada de Atenas, se localizava o oráculo que os gregos consultavam para descobrir o futuro ou tirar suas dúvidas. Nele, o deus Apolo se fazia manifestar através de uma pítia, mulher vestida de túnica, com o rosto coberto, que dizia em transe o que o deus pensava a respeito da pergunta. Certa vez, um rei perguntou ao oráculo de Delfos: "Amanhã, parto para a guerra. Quem vencerá?". A pítia, do alto de uma pedra, dentro da gruta, onde pelo chão subia uma fumaça vermelha, respondeu com os olhos fechados: "Ao atravessar o rio, o rei vencerá". Feliz da vida, o rei deixou o oráculo com a certeza da vitória. Atravessou o rio e foi derrotado. Na volta, raivoso, procurou a pítia para esclarecimentos: "Apolo me disse, por intermédio de seus lábios, que, ao atravessar o rio, eu seria vitorioso. Por que não fui?". A pítia respondeu: "Apolo, pela minha voz, disse: 'Ao atravessar o rio, o rei vencerá'. Ele não disse qual rei venceria".

Assim era o oráculo de Delfos, cujo lema estava inscrito em sua entrada: "Conhece-te a ti mesmo". Enigmático, era uma realidade para os gregos curiosos como Glauce e Teodoro, que estavam atrás da verdade sobre Sócrates, o filósofo acusado que costumava repetir sempre o lema de Delfos.

Glauce – ainda disfarçada de Hipólito, embora já não fosse mais preciso – e Teodoro chegaram ao oráculo no final da tarde. O sacerdote que cuidava da entrada quis saber o motivo da consulta. Glauce explicou-lhe que queriam saber sobre Sócrates, acusado na Assembleia e que seria julgado pela Helieia nos próximos dias. O sacerdote então contou uma história:

– Certa vez, um discípulo e amigo de Sócrates, de nome Querofonte, hoje morto, esteve aqui para perguntar à pítia se alguém era mais

sábio do que Sócrates. A pítia respondeu que Apolo dizia que não. Querofonte foi e disse ao seu mestre, que não acreditou. Dizem que Sócrates teria respondido ao discípulo: "Não sou nem pouco nem muito sábio. Que quer ele dizer que sou o mais sábio?". E continuou: "Ninguém sabe alguma coisa daquilo que acredita saber. Quanto mais sei, quanto mais estudo os fenômenos e as pessoas, mais descubro que nada sei. Todos nós sabemos algo, mas sempre ignoramos o essencial. Se saber isso é ser sábio, o oráculo tem razão: sou sábio". Foi isso que Sócrates disse, foi assim que nos contaram, porque ele nunca escreve o que fala, nós sempre sabemos dele o que os outros disseram. Ele é um mistério como este oráculo. Querem saber mais alguma coisa da pítia?

Glauce mais uma vez se antecipou a Teodoro:

– Queremos saber de Apolo por que querem a morte de Sócrates.

– Vocês trouxeram a cabra para o sacrifício?

– Sim.

– Então entrem silenciosamente no útero da Terra.

A entrada de Delfos se assemelhava a uma cavidade, como se fosse uma boca ou um umbigo. No interior da gruta, Glauce e Teodoro se apoiavam para não caírem entre as pedras. No fundo, em cima de uma pedra maior, próxima de um abismo que emanava vapores, avistaram a pítia e, a seu lado, o profeta que iria traduzir o que ela dizia de forma ininteligível.

Glauce e Teodoro entregaram a cabra já sacrificada e esperaram a ordem para a pergunta.

A pítia mascava folhas de loureiro sem parar. O silêncio foi cortado pelo profeta.

– Façam a pergunta!

– Queremos saber de Apolo: por que vão condenar Sócrates à morte?

Ao ouvir a pergunta, a pítia desceu por uma passagem, como que se aprofundando rumo às regiões subterrâneas e desapareceu da vista dos jovens. Quando voltou, apresentava outro aspecto, como se estivesse fora de si, dizendo coisas que os dois não compreendiam. O profeta então traduziu:

– Apolo manda dizer que Sócrates vai se sair bem e não há motivo para consultar o oráculo. Procurem o próprio Sócrates e lembrem a ele que deve um galo ao oráculo. É só, podem ir!

Os dois saíram do oráculo um tanto decepcionados, sem entenderem muito bem o que aquilo significava. De qualquer forma, o dia terminava. Na manhã seguinte iriam à procura do filósofo acusado.

5

Na ágora do Cerâmico

Glauce e Teodoro moravam próximos da ágora do Cerâmico. Ela se localizava ao sul da Acrópole, o ponto mais elevado de Atenas, entre a colina que ostentava o Partenon e o Areópago, o tribunal mais antigo da cidade. Próxima da colina do Colono Agoraio, onde 31 anos antes havia sido construído o templo de-

dicado ao deus Hefesto, protetor dos artesãos, a ágora do Cerâmico era sombreada de árvores, ornamentada com estátuas e fontes, com chão calçado com pedras, tendo a praça central circundada por pórticos e monumentos públicos. Pequenos comerciantes armavam suas barracas ali, que avançavam por todo o bairro mercantil. Foi aí o primeiro lugar onde se reunia a Assembleia do Povo antes de mudar-se para a colina Pnice. As travessas e os becos que saíam da ágora do Cerâmico eram ladeados por lojinhas protegidas por tendas e alpendres. Os artesãos e comerciantes que se dedicavam ao mesmo ramo se agrupavam próximos uns dos outros. Era também na ágora do Cerâmico que Sócrates costumava reunir-se com seus discípulos.

Glauce e Teodoro chegaram cedo na praça. Tiveram sorte (ou ajuda de Apolo?): ao longe avistaram um velho com um cajado. Gordo, vestido rusticamente com uma túnica velha, tinha poucos cabelos e o nariz estourado como o de um boi. Sócrates chegava acompanhado de alguns discípulos, conversando animadamente, como se sobre ele não pesassem tão graves acusações.

Entre os discípulos de Sócrates estavam Apolodoro de Falera (apelidado "o Terno"), Críton, Glauco e outros. Teodoro e Glauce se aproximaram e sem serem notados passaram a ouvir o que dizia o filósofo:

– Mais grave que a morte é não ter uma sepultura. Não temo a morte nem as acusações que me fazem. Saberei me defender, vocês verão. Atenas me deu tudo o que eu sempre quis; se agora quiser tirar minha vida não resistirei nem fugirei de meu destino.

Teodoro não conseguiu se conter e perguntou ao filósofo:

– Mas por que o acusam?

– Quem acusa é que deve saber a razão – respondeu Sócrates. – Não devo nada aos que me acusam. Minha única dívida é um galo para Apolo em Delfos. Mas e você? Quem é? Eu o conheço? E esse outro rapaz, com rosto bonito de menina, quem é?

– Eu me chamo Teodoro e essa, digo, esse é meu irmão, ele se chama Hipólito.

– Hipólito. Bonito nome, me lembra o filho bastardo de Teseu, por quem Fedra se apaixonou e acabou provocando sua morte. Hipólito era inocente? Vocês conhecem sua história?

– Conhecemos – respondeu Teodoro. – É a história do amor de Fedra, mulher de Teseu – o fundador de Atenas, que enfrentou o Minotauro em Creta –, por Hipólito, um rapaz ingênuo que gostava de cuidar de cabras. Só que Hipólito era filho de Teseu e da amazona Antíopa, que lhe transmitiu o gosto pela caça, pela Natureza e pelos exercícios físicos. Mas ele desprezava a deusa do amor, Afrodite, e gostava da deusa Ártemis, protetora da caça. Afrodite, com ciúmes, resolveu vingar-se, e fez com que Fedra, esposa de Teseu, se apaixonasse pelo rapaz, o que acabou provocando sua morte. É que Fedra, não correspondida em seu amor pelo filho de seu marido, disse a Teseu que Hipólito havia tentado seduzi-la. O antigo herói acreditou na esposa e condenou o filho ao ostracismo. Hipólito deveria se retirar do reino de Teseu. A caminho do exílio, Hipólito foi morto na praia por uma imensa onda que o engoliu. Ao mesmo tempo, o pai Teseu descobria que Fedra havia mentido. Fedra suicidou-se e o herói Teseu ficou sozinho. É uma bonita história, ainda muitos poetas escreverão sobre ela, você não acha?

– Muito bem, jovem Teodoro, você contou corretamente a triste história do jovem Hipólito! – exclamou Sócrates, observando o brilho nos olhos de Glauce, orgulhosa do irmão que havia mantido em silêncio o filósofo e seus discípulos.

– Mas por que o acusam? – voltou Teodoro a questionar. Julgava que Sócrates queria desviar o assunto principal ao pedir-lhe que contasse a história de Hipólito, o que foi desmentido pelo próprio:

– Voltemos à história de Hipólito, meu rapaz, não mude de assunto.

– Mas quem desviou o assunto foi você – retrucou Teodoro um pouco impaciente.

– Nada disso, eu respondia à sua pergunta. Você não me perguntou por que me acusam? Pois é, eu pedi a você que contasse a história de Hipólito. Portanto, já respondi à sua questão. Você acha que Hipólito é inocente ou culpado?

– Inocente, é claro.

– Por quê?

– Ora, porque ele não tinha culpa de não gostar da deusa Afrodite.

– É uma questão de ponto de vista. Você conhece a deusa Afrodite?

– Claro. É a deusa do amor e da beleza. Ela foi também a divindade da fecundação e da fertilidade. É uma deusa da vida, assim como o deus Eros.

– E você vê algum motivo para alguém não gostar dessa deusa?

– Não, claro que não. Eu amo a vida – declarou sensibilizado Teodoro.

– Mais do que isso, meu rapaz, você é um poeta, mesmo que não saiba.

– Está bem, mas você ainda não respondeu à minha pergunta.

– Nem vou responder como você quer. Procure a resposta em você mesmo e não dependa tanto de um velho cansado e à beira da morte.

– Mas o acusam de corromper os jovens!

– Não obrigo ninguém a me seguir. Vocês são jovens e devem saber em que os corrompo. Talvez porque eu ajude a brotar ideias novas em suas cabeças, a duvidarem de tudo, a questionarem tudo em que nós acreditamos. Se for isto, talvez eles tenham razão. Por Zeus! Quem sou eu para modificar os hábitos e os pensamentos das pessoas? Eu não passo de um andarilho. Quando muito posso ser um médico das almas, um parteiro das ideias.

– Mas também o acusam de não acreditar na democracia!

– Tanto acredito e respeito as leis que lutei por elas em campo de batalha. Só questiono o sistema de sorteio, que define quem deve nos governar. Acho que ninguém deixaria ao acaso a escolha de um piloto, de um carpinteiro, de um flautista ou de qualquer artesão. É a única coisa que questiono, não a democracia. O que quero mesmo é desenvolver uma arte que eu chamo "maiêutica". Que auxilie as almas e não os corpos, no trabalho do parto. Tenho, por causa disso, a mesma deficiência das parteiras: dar à luz o saber não está em meu poder. Não é a parteira quem define como será a criança, ela apenas contribui no nascimento. Assim é comigo. A censura que me fazem por colocar questões aos outros é porque não dou jamais opinião pessoal sobre qualquer assunto, sempre questiono os outros, e isso nem sempre agrada. A principal causa disto é a nulidade do meu próprio saber. Eu já disse e repito: quanto mais conheço, quanto mais sei, mais descubro que nada sei. Eu mesmo não me considero sábio, em nenhum grau, e nunca encontrei por mim mesmo nada que o fosse e que minha alma tenha por si mesma engendrado.

– Então, por que querem que você seja condenado à morte? – perguntou mais uma vez Teodoro a Sócrates, que respondeu:

– Eu não sei, mas você sabe.

Teodoro, espantado com a resposta, olhou para Glauce, que ouvia tudo atentamente junto com os discípulos.

O diálogo se encerrou ao mesmo tempo que se aproximava um homem de seus trinta anos, alto e forte, de ombros largos e vestido com uma túnica branca e sandálias prateadas: um membro da classe dos eupátridas. Seu nome: Platão. Ele viria a ser o discípulo mais famoso de Sócrates, de quem era o oposto também fisicamente.

Dirigindo-se ao mestre, como se os outros presentes não existissem, Platão perguntou-lhe:

– Amanhã será seu julgamento?

– Creio que sim – respondeu o filósofo.

– Não é melhor prepararmos sua defesa?

– Não, Platão, minha defesa será a verdade que direi na hora. Pode ir para sua casa. Vocês também. Deixem-me a sós com meus demônios, amanhã nos veremos no Tribunal da Helieia.

E Sócrates, solitário, se afastou do grupo de discípulos, que se dispersava pela ágora do Cerâmico. Muitas pessoas passavam pela praça indiferentes. Os comerciantes em suas barracas gritavam, oferecendo seus produtos. Sócrates desapareceu entre as pessoas e as barracas.

Somente ficaram parados, vendo o mestre ir embora, Glauce, Teodoro e Platão, que lhes perguntou:

– Vocês são discípulos novos?

– Na verdade só viemos a conhecer Sócrates pessoalmente hoje – respondeu Teodoro. – O que queríamos saber, e ainda não encontramos a resposta, é por que querem sua morte.

– Venham comigo, em casa lhes explicarei.

6

Na casa de Platão

A casa de Platão, ao contrário da *sinóikia* em que moravam Glauce e Teodoro, era grande e espaçosa. Na entrada, antes do vestíbulo, havia um grande pátio.

Logo após as duas colunas que sustentavam o teto do vestíbulo vinham os dois primeiros cômodos, onde ele recebia visitas. Entre os eupátridas, somente os homens faziam e recebiam visitas, já que as mulheres não podiam sair de casa. Era uma habitação típica de um eupátrida: a sala em que recebia ficava na entrada e, nos fundos, o quarto em que os familiares, principalmente as mulheres, ficavam, enquanto as visitas não fossem embora. Havia também na casa um jardim interno – todas as portas davam para um pátio interno, cercado por cômodos, sem acesso para fora. O que chamou a atenção de Glauce e Teodoro na casa de Platão foi a existência de um sanitário com um sistema de captação de esgoto que eles não conheciam.

O mobiliário do *andrónion*, cômodo em que se recebiam visitas, era rudimentar: havia cadeiras sem encosto e cadeiras com espaldar alto. Ao centro, uma mesa baixa e redonda com três pés.

Platão solicitou aos dois que ficassem à vontade, que se sentassem.

– O que estão fazendo com Sócrates é uma injustiça – foi dizendo Platão, enquanto todos se acomodavam. – Querem fazer dele o culpado pela crise da democracia em Atenas.

– Mas o que podemos fazer por ele? – perguntou Teodoro.

– Não sei. Ele é teimoso – respondeu Platão. – Crê nessas leis que podem levá-lo à morte. Vai ser difícil convencê-lo a se defender. Até já tentamos que escapasse do julgamento, e ele não aceitou.

– Mas nós não podemos salvá-lo mesmo que ele não queira? – interveio Teodoro.

Glauce ouvia tudo atentamente, mas em silêncio, porque havia combinado com o irmão ficar calada para não denunciar sua condição feminina.

– Fazer isto seria ir contra tudo o que Sócrates defendeu uma vida toda – reagiu Platão à sugestão. – E, por outro lado, é difícil convencer a maioria da Assembleia do Povo que o que vão fazer é uma injustiça. A maioria é sempre ignorante, não entende Sócrates. Também, vejam vocês, na Assembleia têm o mesmo peso um filósofo e um trabalhador manual! Daqui a alguns anos vão até achar que um escravo, um animal de carga que fala, deve ter os mesmos direitos que seu dono!

– Mas então você é contra a democracia? – reagiu Teodoro um pouco ofendido pela comparação de Platão.

Antes que Platão respondesse, foram interrompidos pela entrada de um escravo da casa, perguntando se podia servir o banquete no pátio, que o clima estava bom. A saída deles do *andrónion* impediu que Teodoro obtivesse resposta, o que Platão parecia não estar disposto a dar.

No pátio havia uma mesa posta e vários bancos à sua volta. Nela estavam os utensílios e alimentos para uma refeição simples: alhos silvestres, azeitonas, queijo, peixe, pão, taças, jarros de azeite e vinagre e um pilão de pedra numa tigela redonda. Apesar de simples, era bem diferente do que os irmãos estavam acostumados.

Sentados e sendo servidos por escravos, voltaram ao tema principal, agora como Platão gostava:

– Creio que as ideias se desenvolvem melhor numa refeição – ele disse. – A barriga vazia e os lábios secos não ajudam ninguém a pensar. Comam e bebam à vontade!

Além dos peixes e legumes, também foi servida uma mistura de vinho com água. Glauce se pôs a comer e a beber rapidamente. Já que não podia falar, pensou, pelo menos que comesse bem e ouvisse tudo o que seu irmão extraía do jovem discípulo de Sócrates.

– Mas, Platão, por que querem a morte de Sócrates? – perguntou Teodoro enquanto cortava o pão com as mãos.

– Vou contar a vocês uma fábula. Não sei se ela explica alguma coisa, mas eu gosto muito dela: um grupo de homens vivia numa caverna. De costas para a entrada só conseguiam enxergar suas próprias sombras. Tinham medo de se virar para a entrada. Não conheciam a luz do sol nem o verde da Natureza.

Platão respirou fundo e continuou a contar aos atentos jovens:

– Certo dia, um deles, com muito esforço, conseguiu virar-se e sair. Lá fora viu, a princípio atordoado, como era clara a luz do sol. Viu as plantas, os animais, a água correndo cristalina. O mundo não era como ele, dentro da caverna, de costas para a vida, pensava. O mundo não era somente feito de sombras e escuridão, podia ser alcançado por ideias claras e luminosas. Aquele homem ficou encantado com o que havia descoberto. Mas o tempo passou. E ele começou a sentir uma enorme solidão; e se perguntou: "Por que somente eu vejo o que os outros não veem?". Ele resolveu então voltar para a caverna e alertar os outros. Entrou e viu todos de costas para a luz. Começou a tentar convencê-los de que nada sabiam sobre a Natureza, sobre si mesmos e sobre o Universo.

Não lhe davam atenção, mas o homem era perseverante. E continuou tentando convencer os outros a saírem da caverna, para descobrirem o que ele descobrira. Isso acabou irritando os demais. Primeiro, ele foi considerado louco, depois, subversivo. Condenaram-no à morte, alegando que com suas ideias ele prejudicava

o grupo ao tentar introduzir um conhecimento que não era do interesse dos que viviam e nada sabiam da vida.

Após a fábula contada por Platão, o silêncio tomou conta dos três, que se puseram a comer e a pensar naquilo. Após a refeição, Platão ordenou a seus escravos que servissem vinho puro em homenagem a Sócrates.

Platão então se dirigiu a Glauce:

– Curioso, não vi você falar nada. É muito tímido?

– Um po-pouco – respondeu Glauce, traindo-se pela voz.

A descoberta de que Glauce era uma garota não agradou muito a Platão, que se despediu deles com uma certa frieza, para desagrado de Teodoro, que culpou a irmã por ter falado.

– Amanhã nos vemos no tribunal, Teodoro – destacou Platão.

7

O julgamento de Sócrates

Finalmente havia chegado o dia do julgamento de Sócrates. Glauce acordou com pressentimentos de que a cidade que o filósofo tanto amava não saberia compreendê-lo. Ela havia sonhado durante a noite com o julgamento de um jovem que poderia ser seu irmão. O jovem do sonho era acusado de ter matado a própria mãe em vingança pela morte do pai, assassinado pela esposa. No sonho de Glauce foi até criado um estranho tribunal, onde velhos apontavam os dedos para o rosto do rapaz, culpando-o de algo que fizera sob inspiração e ordem do deus Apolo. Em imagens rápidas e confusas, Glauce identificou em seu sonho o oráculo de Delfos, exigindo a morte da assassina e afirmando que somente seu filho seria capaz de redimir os gregos de tamanha injustiça. O tribunal condenava o jovem, quando, de repente, a estátua da deusa Atena, que existia no local, começou a se mover, para espanto de todos, e principalmente de Glauce, que sonhava. Atena desceu de seu pedestal e, com seu voto, o único que desempatava, absolveu o jovem, mas em troca exigiu dele que lhe rendesse homenagens pelo resto da vida.

Quando Glauce acordou, assustada com o sonho, seu irmão Teodoro já estava ao seu lado, pronto para chamá-la. Estavam atrasados para o julgamento.

Enquanto se dirigiam ao Tribunal da Helieia, Glauce contou a Teodoro o sonho que teve. O espanto agora foi dele:

– Mas esta é a história da origem do Tribunal do Areópago em Atenas! O jovem se chamava Orestes. Ele havia assassinado sua mãe Clitemnestra, em vingança pela morte do pai, o rei Agamenon, chefe dos gregos na Guerra de Troia, cantada por Homero na *Ilíada*. Quem te contou esta história?

– Ninguém. Eu já disse, sonhei – respondeu Glauce. – Eu nunca ouvi esta história. Será um aviso de Atena de que Sócrates será absolvido?

– Só se a própria Atena aparecer no tribunal. A animosidade contra Sócrates era grande ontem, você viu. As pessoas estão sendo enganadas pelos demagogos, que só prejudicam nossa democracia ainda imperfeita. Acho que seu sonho antecipou o contrário. Orestes era culpado e foi absolvido pelo voto da deusa Atena. Sócrates é inocente e será condenado pelo voto dos atenienses. Os deuses nada farão por ele. O tribunal que o julgará não é o do Areópago, mas o da Helieia, criado pelas reformas democráticas. O julgamento já deve ter começado.

E Teodoro apressou o passo, sendo acompanhado por Glauce.

Ao chegarem ao Tribunal da Helieia, o julgamento de Sócrates já estava em andamento. Repleto, o tribunal lembrava a Assembleia do Povo. Glauce e Teodoro nem conseguiram, no meio de tanta gente, localizar Platão, como haviam combinado.

Muitos pediram a palavra para acusar Sócrates, mas a defesa seria feita somente por ele – era exigência própria. Os juízes foram sorteados entre os cidadãos atenienses em número de quinhentos. O voto deles decidiria o destino de Sócrates.

Os acusadores já haviam feito seus discursos, quando Glauce e Teodoro chegaram. Os oradores principais foram o poeta Meleto e o orador Lícon.

Sócrates, que ouviu em silêncio, se pôs a falar como há muito não se via. Ironicamente, ele chamou a atenção do tribunal para o ridículo das acusações. Afirmou que sempre cumpriu suas obrigações religiosas. Por isso, era absurdo acusá-lo de descrer dos deuses. Também nunca se negou a cumprir suas funções cívicas, o que descartava ser ele contra as leis de sua cidade querida. Corruptor de jovens? Sócrates pediu aos presentes que perguntassem aos jovens se ele obrigava algum deles a segui-lo.

Ao lado de Glauce havia um cidadão raivoso que não parava de esbravejar contra Sócrates, chegando até a interrompê-lo em alguns momentos.

Sócrates continuou imperturbável. Afirmou que acreditava ter, em seus setenta anos de idade, feito muitas inimizades. Principalmente entre os tolos que se acreditavam sábios: os generais que só entendiam de armas, os artesãos que só trabalhavam manualmente, os poetas que não entendiam o que escreviam e os homens de Estado que só sabiam conspirar para se manter no poder.

Sócrates, como crítico, questionou a todos, e principalmente a si mesmo. A todos ele teve uma questão, uma pergunta que incomodava. Fazia com que vissem que não eram o que acreditavam ser. E isso incomodava. Quanto mais convencidos de que alguma coisa sabiam, mais tolos e ridículos eram. Ao passo que ele, um simples questionador, um médico das

almas, um parteiro de ideias, mais se convencia de que nada sabia. Era por isso que o acusavam, dizia ele em sua defesa, porque incomodava os que tinham algum poder: político, econômico ou mesmo literário. E tinham medo de perder esse poder com o questionamento de um filósofo inconveniente.

Para terminar, Sócrates fez um apelo:

– A verdade, atenienses, é que eu creio nos deuses mais do que qualquer um de meus acusadores e por isso me confio a todos vocês para decidirem a meu respeito, da maneira que for mais vantajosa para mim e para vocês.

Glauce, no meio da multidão, ouviu com dificuldade as últimas palavras de um Sócrates visivelmente abatido.

Quando o filósofo concluiu, demonstrando crer não apenas nos deuses, mas nas leis e nos homens, Glauce não se conteve: abraçou Teodoro e se pôs a chorar alto em seu ombro.

O cidadão que estava ao seu lado, esbravejando contra Sócrates, reconheceu no choro de Glauce que ela era uma moça disfarçada de rapaz. Enfurecido, se pôs a gritar com Teodoro:

– Tire essa moça daqui, rapaz! Isso não é lugar para mulheres chorarem. É lugar para homens fazerem justiça!

– Eu só não choro – respondeu Teodoro – porque a raiva é o maior de meus sentimentos. E se eu tivesse que chorar não seria por Sócrates, mas por idiotas como você!

O cidadão agressivo se jogou contra Teodoro e um princípio de confusão se armou no tribunal. Guardas correram para o lugar da briga. Alguns dos cidadãos presentes tomaram partido de Teodoro e, portanto, de Sócrates. Outros, do cidadão agressivo, isto é, contra Sócrates. Os guardas conseguiram apartar, mas Glauce foi colocada junto com seu irmão para fora do tribunal.

A partir daquele momento eles já sabiam que Sócrates seria condenado. A presença deles ali não mais se justificava. A deusa Atena também não apareceria com seu voto.

8

No grande teatro de Dioniso

Um ano depois do julgamento e condenação de Sócrates, Glauce estava sozinha na arquibancada do teatro de Dioniso. O teatro, ao ar livre, construído numa colina, com seus degraus de pedra, não estava com sua lotação total. Isso só acontecia durante os festivais em homenagem ao deus inventor do vinho e protetor das artes cênicas, Dioniso, quando mais de quinze mil atenienses lotavam o teatro para assistir a tragédias, comédias e apresentação de sátiros. Nesse dia, porém, o teatro contava com menos de mil pessoas; entre elas, Glauce, que esperava para assistir a apresentação de uma nova companhia de teatro de repertório.

O teatro grego vivia nessa época o início de um enfraquecimento. O aparecimento de grandes autores era coisa do passado não muito remoto. Algumas companhias remontavam peças consideradas patrimônio dos gregos e dos atenienses em particular, e as apresentavam fora do calendário dos grandes festivais.

Glauce se animou, os atores entraram em cena. Vieram a caráter, com suas vestes espalhafatosas e suas máscaras de linho e gesso características.

Como era uma tragédia, os atores usavam máscaras com expressões tristes. As máscaras escondiam os rostos dos atores e marcavam as personagens: a moça corajosa, o rei tirano, o cego profeta e assim por diante. A abertura das bocas era em forma de corneta para ampliar a voz dos atores.

Glauce estava emocionada, era a peça que sempre sonhou poder assistir, *Antígona*, de Sófocles.

O coro começou a função. Antígona, a personagem principal, lutava contra o tirano para ter o direito de sepultar seu irmão. Só isso já emocionou profundamente Glauce, que se identificava com a jovem da peça; esta, inclusive, era presa quando tentava enterrar o irmão, condenado pelo tirano a ter seu corpo exposto e decomposto a céu aberto.

O ator que representava o papel de Antígona era magistral e emocionava a todos com sua força interpretativa. Antígona, ao ser levada diante do rei, enfrentou-o com coragem e determinação, não temendo as consequências.

Para Glauce, o momento mais palpitante da peça foi quando Antígona reclamou diante do tirano que a lei que retirava do seu irmão morto o direito a ter uma sepultura não era da vontade de Zeus, mas sim da lei criada pelos homens e, principalmente, pelo tirano.

Num certo momento, Antígona declarou:

– Não nasci para o ódio, apenas para o amor.

O que fez Glauce chorar. E lembrar-se de Sócrates.

Os atores usavam também sandálias com saltos altos para serem vistos por toda a plateia, espalhada pela colina. Cenários rústicos e até um guindaste permitia a subida e descida de atores quando deuses apareciam na peça. Mas não era o caso desta, a tragédia de uma jovem corajosa que se parecia com Glauce.

O coro cantou o fim próximo de Antígona. O tirano a condena a ser enterrada viva. O coro lamenta. A plateia se emociona até às lágrimas. Antígona caminha altiva para a morte, imperturbável. O medo pertence não a ela, mas ao tirano que não soube enfrentá-la.

Ao término do espetáculo, o público se retirou emocionado. Alguns se diziam purificados e seus olhos marejavam. Glauce não se moveu de onde estava sentada e esperou até que todos se retirassem. Olhou os degraus de pedra e os tronos próximos da orquestra: vazios. Sentiu-se imensamente bem pensando em Antígona, sua personagem favorita. Mas também pensou no ator que a tinha representado: seu irmão Teodoro. Glauce esperava por ele.

De trás do palco principal, Teodoro surgiu, agora sem máscara. Havia terminado uma magistral interpretação da peça de Sófocles, e se transformaria em um dos maiores atores de seu tempo.

No teatro grego todos os personagens eram representados por homens, inclusive os femininos. Isso exigia um preparo que não assustava Teodoro. Em menos de um ano após a morte de Sócrates ele aprendera todas as técnicas e se sentia apto para representar tragédias ou comédias, no papel de reis, heróis, deuses ou até mesmo de mulheres fortes como Antígona.

Ao ver Teodoro, Glauce correu para abraçá-lo.

– Você estava lindo – ela disse.

– Como é que eu estava lindo se meu rosto estava coberto por uma máscara? – brincou Teodoro.

– É da sua alma que eu falo, é do que você transmitiu – respondeu Glauce, séria.

Enquanto comentavam a peça entusiasmados, nem perceberam que se aproximava um homem bem-vestido.

– Vocês não se lembram de mim?

Glauce e Teodoro se viraram assustados na direção de que vinha a voz não muito estranha. Imediatamente reconheceram Platão e ficaram felizes.

– Parabéns, Teodoro, você estava muito bem como Antígona – e dirigindo-se a Glauce, Platão comentou: – E você? Abandonou as roupas masculinas?

– Eu usava aquelas roupas porque precisava, não porque gostasse. E meu nome é Glauce – respondeu ela, sem esconder uma certa irritação, que fez Platão sorrir.

– Eu sei. E até reconheço que lhe devo desculpas. Aquele dia em que vocês foram lá em casa, já faz um ano, eu fui um pouco grosseiro. Na verdade, confesso, fiquei um pouco chocado. Pensei muito e hoje compreendo melhor. A morte de Sócrates me fez rever muita coisa. Mas eu também procurei vocês no tribunal e não os encontrei. Por isso fico feliz em revê-los.

– Nós até hoje não sabemos direito o que aconteceu naqueles dias – disse Teodoro. – A notícia da morte de Sócrates abalou muito minha irmã e eu. Não entendemos por que não foi feito nada para salvá-lo.

– Mas foi. Nós tentamos de tudo. Primeiro Sócrates ironizou o próprio julgamento ao saber de sua condenação. Como uma última chance a ele, foi perguntado que castigo preferia cumprir em substituição à morte. Era uma forma que os juízes encontraram de ele reconhecer a "culpa" e assim ficar vivo. Sabem o que ele propôs?

– Não – afirmou Teodoro já sentando no degrau do teatro, o que também foi feito por Glauce e Platão, que continuou contando:

– Sócrates respondeu aos juízes que pelos "crimes" que tinha cometido, ele merecia ser "condenado" a viver como um herói da cidade, sendo alimentado até o fim de seus dias no Pritoneu, no maior conforto que a cidade pode oferecer aos seus cidadãos mais lustres. É

claro que isso enfureceu ainda mais o tribunal, que o condenou à morte por cicuta.

– Que ele foi condenado a beber cicuta nós sabíamos. Mas entre a condenação e a morte se passou um mês. Por que vocês, ricos e poderosos, não o tiraram da prisão? – interveio Teodoro.

– Nós tentamos. Críton, outro discípulo dele, até subornou guardas. Estava tudo pronto para a fuga, mas Sócrates não aceitou. Ele disse a Críton, que foi visitá-lo, que Atenas lhe havia dado tudo o que quis na vida; agora poderia tirar-lhe a própria vida.

– Mesmo injustamente? – perguntou Glauce.

– Sócrates em nenhum momento considerou a democracia a culpada de sua condenação injusta. Ele disse a Críton que, quando os atletas correm nos jogos olímpicos e se dão mal, a culpa não é das regras da corrida, mas dos atletas. A democracia não poderia ser culpada se os atenienses estavam fazendo um mau uso dela. Pelo contrário, ela deveria ser defendida. Se ele aceitasse fugir, usariam isso contra a democracia e as leis de Atenas. No fundo, Sócrates achava que estavam facilitando sua fuga para desmoralizá-lo. E, depois, fugindo, ele perguntou para onde iria. Em que lugar do mundo encontraria o que encontrou aqui? Ele amava Atenas acima de tudo, e até de si mesmo.

– Então ele tomou cicuta com serenidade? – perguntou Teodoro, ainda um pouco rouco por ter afinado a voz como Antígona.

– Com muita serenidade. Estávamos todos à volta dele. Sócrates pediu calma a todos nós e que não chorássemos por sua morte. A sua vida, como predissera o oráculo de Delfos, não havia sido em vão. E finalmente nos pediu um favor: que pagássemos o galo que ele devia ao oráculo. Tomou o veneno e morreu tranquilamente. Como um sábio. Como um herói.

Glauce lembrou-se então do dia em que conversava com a deusa Atena, pedindo-lhe uma resposta para os mistérios da vida. Seus olhos brilharam e ela mentalmente agradecia à deusa da inteligência. O seu pedido começava a ser atendido, ela começava a compreender um pouco o mundo em que vivia.

Platão, ao concluir, fez um convite aos dois:

– Estou criando em Atenas uma academia de estudos filosóficos. Gostaria que vocês fizessem parte da futura Academia de Atenas. O que vocês dizem?

– Sinto muito, Platão, eu não posso – disse Teodoro. – Vou viajar com minha companhia de teatro pelas cidades gregas, levando o melhor repertório que os dramaturgos criaram em Atenas em sua melhor época. Descobri que sou um ator e como tal pretendo viver. A poesia é o meu pão.

– E você, Glauce?

– Eu aceito. Quero aprender mais do que sei. Eu vou para sua academia.

E os três, abraçados, deixaram o teatro de Dioniso. Os degraus de pedra vazios, os tronos sem ninguém, o imenso palco sem cenários e a orquestra sem o coro. Naquela colina descampada, com o sol no horizonte se pondo, ficou apenas o eco de uma frase de Antígona ao enfrentar o tirano:

– Não nasci para o ódio, apenas para o amor.

Uma visão da História

Introdução

Entre os séculos VI e IV a.C., a Grécia viveu um período de extremo desenvolvimento artístico, cultural, intelectual e político. Muito se deveu a uma cidade-estado localizada no sudeste da península grega: Atenas.

Fundada pelos jônios, povo de origem indo-europeia, Atenas viu surgir nesse período filósofos como Sócrates e Platão; seu teatro atingiu o ápice com as peças de Ésquilo, Sófocles, Eurípedes e Aristófanes, seus arquitetos projetaram verdadeiras obras-primas, como o templo do Partenon, dedicado à deusa Atena, entre muitos outros exemplos.

Um dos fatores que contribuíram de forma significativa para esse esplendor do mundo helênico na Antiguidade foi o fato de que, desde o final do século VI a.C., Atenas vivia sob uma forma de governo até então desconhecida em qualquer outro canto do planeta: a democracia. Graças a ela, qualquer cidadão, fosse ele rico ou pobre, tinha o direito de dar o seu voto nas questões políticas que diziam respeito a sua cidade. Foi um período de intensa troca de ideias e opiniões, cujos reflexos são sentidos até hoje nas civilizações do mundo ocidental.

A Grécia antiga
A Grécia no mundo
Trácia
Macedônia
Tessália
Mar Egeu
Termópilas
Delfos
Tebas
Erétria
Maratona
Atenas
Pireu
Olímpia
Epidauro
Esparta
Mar Mediterrâneo
CRETA
Cnossos
N
O
L
S
ESCALA
0 30 60 km
1 cm - 30 km

A democracia grega

Ninguém pode entender a nossa época sem conhecer uma palavra: democracia. É a palavra-chave que os homens modernos debatem em todo o mundo. O futuro da humanidade depende do grau de democracia que se tem ou se terá.

E, no entanto, democracia é uma palavra antiga. Seu uso surgiu há 2500 anos, na Grécia. Em particular, na cidade de Atenas. A palavra, de origem grega, tem sido traduzida por "governo do povo"; forma de governo marcada pela soberania popular.

O território grego e o povoamento

A Grécia se localiza na península Balcânica e seu terreno é profundamente acidentado. Muitas montanhas circundam os vales, e a área boa para a agricultura é bastante reduzida, principalmente nas planícies.

O país está separado da Ásia Menor pelo mar Egeu, que banha a costa leste da Grécia. Nele, há uma infinidade de ilhas gregas que, no passado, favoreceram a comunicação marítima da população. Na península, a comunicação por terra era mais difícil, devido ao grande número de montanhas do território.

A ocupação da Grécia foi lenta, durou quase mil anos (aproximadamente entre 2000 e 1000 anos antes de Cristo). Vários povos de origem indo-europeia aí foram se estabelecendo: aqueus, eólios, jônios e dórios.

Esses povos criaram comunidades autônomas, que deram origem às cidades com independência política, chamadas pelos gregos de pólis. Apesar de uma mesma matriz de cultura, religião e língua, eles desenvolveram comunidades diferentes no plano econômico, social e

As pólis gregas

Uma das principais características da estrutura política da antiga Grécia eram as pólis, uma comunidade de ordem religiosa, jurídica e moral da qual todos os seus membros eram responsáveis pela sua existência. Por falta de documentação precisa, não sabemos o momento em que elas surgiram. Acredita-se que tenha sido entre os séculos VIII e VII a.C., provavelmente nas cidades gregas da Ásia Menor. O fato é que no século VI a.C. havia pólis em quase toda a Grécia e elas só foram entrar em decadência dois séculos mais tarde, depois da Guerra do Peloponeso (431-404 a.C.), entre Esparta e Atenas, que deixou a Grécia arrasada.

No início, o termo pólis designava apenas a acrópole, no alto da colina. Ali ficavam o palácio do rei, o santuário e servia de ponto de encontro da população. Posteriormente, a parte baixa da cidade se desenvolveu, sua população aumentou e foi incorporada à pólis, que passou a designar toda a região sob a autoridade de um chefe. Ao mesmo tempo, o poder real enfraqueceu e a monarquia foi sendo substituída por uma aristocracia, que quer dizer "governo dos melhores". Esses melhores, no entanto, eram os mais ricos, ou seja, a menor parcela da população.

Por isso, a pólis, mesmo nos tempos da democracia grego, era ainda encarada como uma comunidade da qual nem todos podiam fazer parte dela. Apenas os indivíduos que detinham direitos civis e políticos, ou seja, aqueles que fossem considerados cidadãos, integravam a pólis. Só eles é que podiam, por exemplo, escolher seus governantes ou votar nas assembleias.

Entretanto, eram poucas as pessoas na Grécia que tinham direito à cidadania. Entre essa minoria encontravam-se os representantes da nobreza, artesãos, comerciantes e pequenos proprietários. Os escravos e os estrangeiros, que compunham a maior parte da população, não eram considerados cidadãos e por isso estavam proibidos de fazer parte da pólis. Quanto às mulheres, elas viviam uma situação particular. Somente aquelas casadas com cidadãos tinham direito à cidadania mas, mesmo assim, não participavam das decisões políticas. No máximo, transmitiam a seus filhos, o direito de adquirirem a cidadania.

principalmente político. Atenas, fundada entre os séculos IX e VII a.C., foi a mais importante cidade-Estado da Grécia: nela se desenvolveu, no final do século VI a.C., a democracia.

A evolução de Atenas

Com o estabelecimento dos jônios na planície da Ática, próxima do mar Egeu, se consolidou uma comunidade baseada numa grande família: o *genos*. A propriedade da terra era coletiva, e o trabalho, dividido por um sistema de rodízio, na agricultura, cerâmica ou metalurgia. O chefe desta comunidade era o *basileus*, que detinha poderes de monarca. Ele organizava o rodízio do trabalho, as festividades religiosas e armazenava as armas para um caso de guerra.

O aumento populacional provocou uma crise nessa comunidade. As técnicas de produção não se inovavam, o terreno era pobre, e o que se produzia não acompanhava o ritmo das necessidades. A escassez de produtos começou a gerar lutas na comunidade pelo acesso da fonte principal de riqueza: a terra.

Nessas lutas entre os membros de uma mesma "família", foram beneficiados os que estavam mais próximos do *basileus*, que possuía não somente as armas, mas a capacidade de organização. Assim, uma minoria armada e organizada passou a submeter uma maioria desarmada e desorganizada.

Uma parte da população ficou com as terras e com o poder. Outra, ficou sem nada e dedicou-se ao artesanato ou saiu a procura de outras terras e ilhas para colonizar. A maioria, no entanto, foi submetida a trabalhar compulsoriamente, como escravos, nas terras dos que se impuseram sobre os demais.

A sociedade que era igualitária, em alguns séculos se tornou diferenciada em classes: os que tinham poder e terras (os *eupátridas*, que em grego quer dizer "filhos do pai", adquirindo o significado de "bem-nascidos"), os trabalhadores manuais e comerciantes, e os escravos.

Os eupátridas formaram o governo e passaram a habitar próximos uns dos outros, dando origem à cidade. Como se consideravam os "melhores" (*aristoi*, em grego) deram o nome ao seu governo, onde somente eles podiam participar, de *aristocracia* ("governo dos melhores").

O nascimento do teatro

O teatro é um dos mais importantes legados da antiga civilização grega. Entretanto, ele não nasceu como uma manifestação artística voltada para o entretenimento da plateia, e, sim, como um rito religioso em honra a Dioniso, o deus do vinho. Em tais ocasiões, um coro declamava versos ao deus e era acompanhado por bailarinos e músicos, que tocavam flautas e tambores.

Esse antigo ritual começou a sofrer modificações a partir do século VI a.C. quando Thespis, considerado o primeiro ator da Grécia, rompeu com a tradição e introduziu em cena a figura do protagonista, ou seja, um personagem que dialogava com o restante do coro. Thespis passou a percorrer a Grécia em uma carroça, sobre a qual se apresentava, mostrando sua inovação. O surgimento desses diálogos foi de fundamental importância para a constituição da tragédia grega, que veio a seguir.

Pouco a pouco, foram criados novos enredos para essas apresentações. Se num primeiro momento as histórias abordavam as lendas em torno de Dioniso, com o tempo, passou a ter como inspiração as aventuras dos antigos deuses e heróis gregos. Novos atores foram colocados em cena e, como apenas os homens atuavam, para interpretar os papéis femininos, ou os diferentes personagens masculinos, eles utilizavam máscaras de linho e gesso.

Em 534 a.C., Pisístrato, governante de Atenas, decidiu estimular o novo gênero artístico e instituiu um concurso teatral na cidade. Diversos dramaturgos se inscreviam mas três deles se destacaram e fizeram com que o teatro grego alcançasse, no século V a.C., o seu apogeu: Ésquilo, Sófocles e Eurípedes.

Ésquilo (525-456 a.C.) foi o responsável pela introdução de um segundo ator nas apresentações, reduziu o papel do coro e privilegiou a fala dos personagens em detrimento dos cantos. Das cerca de 90 peças que escreveu, apenas sete chegaram até nós, entre elas, *Prometeu acorrentado* e *Os persas*.

Assim como Ésquilo, Sófocles (496-405 a.C.) também inovou o teatro, ao acrescentar um terceiro ator em cena e ao aumentar os diálogos. Para muitos estudiosos, com Sófocles, a tragédia grega atingiu a perfeição. Embora em suas peças a mitologia tenha servido de inspiração, sua maior preocupação era com o caráter humano dos personagens. Das sete peças que chegaram até nós, destacam-se *Édipo Rei*, *Antígona* e *Electra*.

Com Eurípedes (485-406 a.C.), o coro parou de participar das ações e passou a fazer apenas comentários sobre o desenrolar da trama. Das suas mais de oitenta peças, conhecemos 18, nas quais percebe-se o cuidado do autor na construção das características psicológicas dos personagens. Entre suas obras estão *Medeia*, *As troianas* e *As bacantes*.

Além da tragédia, outro gênero bastante apreciado era a comédia. Seu principal representante era Aristófanes (447-386 a.C.), em cujas obras ridicularizou estadistas, generais, poetas, filósofos. Onze de suas comédias sobreviveram, das quais se sobressaem *Lisístrata*, *As rãs* e *As nuvens*.

Pedro Martinelli/Editora Abril

Teatro de Dioniso, na Acrópole, em Atenas. Criado no século V a.C., sofreu alterações até 334 a.C.

Pintura sobre vaso (século V. a.C.), representando o rapto de Helena, fato que inspirou a Ilíada.

No século VII a.C., Atenas teve um desenvolvimento comercial e urbano muito intenso. Uma outra classe de homens livres se desenvolveu: a dos comerciantes, que realizavam as trocas entre o que se produzia artesanalmente em Atenas e as ilhas e colônias gregas (na Ásia Menor ou mesmo na Itália). Só que essa classe de homens livres, mais os pequenos proprietários de terras (os que ficaram com as piores terras, as montanhosas) se sentiam prejudicados pelos eupátridas, que não se interessavam pelos seus problemas. E passaram a lutar pela participação nas decisões do Estado ateniense.

Dessa luta nasceu a democracia grega.

Pintura representando o trecho da Odisseia *em que Ulisses e seus homens cegam o gigante Polifemo.*

Os reformadores

As novas classes de Atenas exigiam reformas na economia (cunhagem de moedas padronizadas, por exemplo), na sociedade (os homens livres não mais seriam escravizados por dívidas não pagas) e na política (possibilidade de participação nas decisões).

A princípio os eupátridas não aceitaram. Foram criados partidos em Atenas, e a luta entre as classes pelo poder de decisões se intensificou. Não restou aos eupátridas outra saída a não ser promover as reformas desejadas.

Para isso, em 594 a.C., foi colocado no poder como legislador o aristocrata Sólon, que tinha a confiança das classes envolvidas na luta: era um eupátrida, mas também se dedicava ao comércio. Ele tentou agradar a todos, conciliar os interesses. Promoveu reformas econômicas (moeda-padrão, sistema de pesos e medidas, exploração de minas de prata, proibição da exportação de cereais e incentivo da entrada de estrangeiros – *metecos* – em Atenas), reformas sociais (decretou a anistia para as dívidas e proibiu a escravidão delas decorrente) e reformas políticas (dividiu a população livre pela renda e não pelo nascimento: Atenas passou a ter quatro classes políticas; cada uma poderia escolher cem representantes, que integrariam o Conselho dos Quatrocentos – *Bulê*; além disso, foi criada a Assembleia do Povo – *Eclésia* – e o Tribunal da Helieia).

Apesar da profundidade das mudanças, as reformas de Sólon não tiveram estabilidade por muito tempo. Tentando agradar a todos, acabou desagradando em igual proporção. Na prática política, os eupátridas não estavam contentes por ter de dividir seu poder, que antes era exclusivo; os cidadãos mais pobres não tinham acesso garantido pela desproporção de representação, e os cidadãos mais ricos não tinham a segurança que queriam para seus negócios.

Os anos subsequentes às reformas de Sólon e à sua morte foram de lutas intensas entre as partes interessadas.

Deuses e heróis

Os antigos gregos eram extremamente religiosos. Eles acreditavam em inúmeros deuses e achavam que as divindades interferiam de forma direta na vida das pessoas, manifestando-se aos homens por meio de trovões, sonhos etc. A origem e a vida desses deuses era contada através de narrativas e lendas, os mitos. Esse conjunto de histórias, transmitidas oralmente de pais para filhos, é chamado mitologia. Por meio dela podemos hoje conhecer um pouco mais sobre o pensamento grego e seus antigos cultos.

De acordo com a mitologia grega, os deuses viviam no alto do monte Olimpo, a mais alta montanha da Grécia, e cada um tinha um atributo específico. Os doze deuses principais eram *Zeus*, deus do trovão, sua esposa, *Hera*, *Posêidon*, deus dos mares, *Deméter*, deusa da fertilidade, *Apolo*, deus da música, *Atena*, deusa da sabedoria, *Afrodite*, deusa do amor, *Hefesto*, deus do fogo, *Ares*, deus da guerra, *Hermes*, deus mensageiro, *Ártemis*, deusa caçadora e *Héstia*, deusa dos lares.

Além deles, havia outras divindades, como *Dioniso*, deus do vinho, *Hebe*, deusa da juventude, heróis, como Aquiles e Odisseu, semideuses (filhos de um deus com um humano), como Hércules, e diversas entidades mitológicas, como ninfas, monstros, sereias, faunos, musas, que também estavam presentes no cotidiano das pessoas.

Uma das características dos deuses gregos é que eles se comportavam como os humanos: tinham ciúmes, inveja, raiva, amor etc. Entretanto, ao contrário dos homens, tinham poderes sobrenaturais, não envelheciam, não ficavam doentes e nem morriam.

O impasse dessas lutas deu origem a um período de tiranias (560-510 a.C.). O principal tirano - ou seja, um cidadão que se apoderava ilegalmente do poder detido pela aristocracia - foi Psístrato, que governou por 19 anos e contou com o apoio dos setores médios e pobres de Atenas. Ele aboliu as reformas políticas de Sólon, mas manteve as reformas econômicas e sociais. Incentivou também a cultura, mandando construir templos e monumentos, e principalmente mandando redigir o que os gregos conheciam por tradição oral: a *Ilíada* e a *Odisseia*, poemas épicos atribuídos ao poeta Homero.

Quando Psístrato morreu, em 528 a.C., o poder foi transferido a seus filhos, Hiparco e Hípias, que não tiveram a mesma sorte e nem o mesmo apoio: o primeiro foi assassinado em 514 a.C., e o outro, expulso de Atenas, quatro anos mais tarde. Os eupátridas também tentaram voltar a ter um poder exclusivo, mas não conseguiram. Uma revolta popular colocou no poder, como legislador, Clístenes, em 508 a.C.

O nascimento da democracia grega

A reforma política de Clístenes foi a mais radical até então: ele estabeleceu finalmente direitos iguais para todos os cidadãos livres e nascidos em Atenas.

Diferentemente do regime aristocrático, Clístenes não dividiu a população pelo critério de nascimento. Também diferentemente de Sólon, não separou a população pela riqueza. Para estabelecer critérios de participação, Clístenes dividiu a população em bairros, que eles chamavam de *demoi*.

Atenas foi dividida em dez regiões, misturando de forma equilibrada pessoas das áreas urbanas, litorâneas e

Réplica do período helenístico, da estátua de Atena feita por Fídias em 438 a.C. para o Partenon.

Columbia Center for New Media Teaching and Learning

das montanhas com diferentes níveis de riqueza. Cada uma dessas regiões sorteava 50 indivíduos para representá-las na Bulé que, assim, passou a ter quinhentos membros. O Conselho dos Quinhentos praticamente governava Atenas pelo prazo de um ano. Mas a Assembleia do Povo, ou Eclésia, é que era soberana em todas as questões políticas da cidade. Ela se reunia a cada dez dias e qualquer cidadão que comparecesse a uma sessão poderia pedir a palavra, expôr sua opinião e dar seu voto.

Com isso, Clístenes estabeleceu uma forma de governo em que os *demoi* é que detinham o poder e as decisões políticas eram sempre coletivas. Daí o nome "governo dos *demoi*" - *democracia*. Na democracia ateniense, todos os cidadãos tinham direitos iguais, no entanto, somente algumas pessoas eram consideradas cidadãs: as que tivessem nascido em Atenas, tivessem cumprido o serviço militar dos dezoito aos vinte anos, fossem livres, do sexo masculino e seus pais fossem de Atenas.

Posteriormente, outras reformas foram acrescentadas à democracia ateniense: na época de Péricles (444 a.C.-431 a.C.) foi instituída a remuneração pela participação

O apogeu da arquitetura grega

Entre 480 e 479 a.C., a Grécia esteve em guerra contra o poderoso império persa. Os gregos saíram vitoriosos, no entanto, em um determinado momento da luta, as tropas inimigas conseguiram invadir Atenas e incendiaram a cidade. Os edifícios ficaram completamente arrasados e, por mais de três décadas, os atenienses deixaram as ruínas intactas para lembrar a todos dos horrores da guerra.

Entretanto, quando Péricles assumiu o poder, ele decidiu reedificar Atenas. Utilizando os recursos de uma liga naval de defesa liderada pelos atenienses, contratou os melhores arquitetos, escultores e operários da época e deu início ao mais ambicioso empreendimento arquitetônico da história da antiga Grécia.

Foram erguidos edifícios, teatros, templos e muitas outras construções. Uma das mais significativas é o Partenon. Feito inteiramente em mármore branco e com colunas cilíndricas, o Partenon foi dedicado à deusa Atena e erguido no alto da Acrópole, a parte mais alta da cidade. Ele foi construído entre 448 e 432 a.C., um tempo extremamente pequeno para a época.

Foram feitas ainda outras obras grandiosas, como o santuário de Eréctéion, em frente ao Partenon, construído entre 421 e 405 a.C., e o Propileus, pórtico de entrada da Acrópole, iniciado em 437 a.C. e que ficou incompleto devido à Guerra do Peloponeso (431-404 a.C.). Todos eles são verdadeiros exemplos de como a arte clássica grega atingiu no século V a.C. a sua maturidade.

O Partenon, em Atenas, templo erguido em homenagem à deusa Atena.

Marcelo Carnaval/Editora Abril

Busto de Péricles, responsável pelo esplendor de Atenas no século V a.C.

na vida pública. Era uma forma de estímulo à participação política do cidadão mais pobre. Essa é também a época em que mais se desenvolveu a cultura na cidade: na arquitetura, na escultura, na filosofia, no teatro etc.

Sócrates e a democracia grega

É claro que o desenvolvimento do pensamento de Sócrates em grande parte deveu-se a esse clima e a essa condição: Atenas era uma cidade em que tudo se discutia livremente e de forma apaixonada. O conhecimento se desenvolve melhor em condições democráticas. Mas, ao mesmo tempo, Atenas tinha muitos problemas, a começar por ser sustentada pela pior forma de exploração do trabalho: a escravidão. Atenas também vivia à custa das cidades que dominava. Isso fazia com que sua democracia, embora perfeita teoricamente, fosse frágil. Havia um poder invisível por trás daquela liberdade que não admitia questionamentos e dúvidas. Os interesses eram muito fortes.

E Sócrates, com sua desconfiança de tudo, fazia ver que a democracia grega não era completa. Faltava alguma coisa que nem mesmo ele sabia. Por isso duvidava de tudo. Pagou com sua vida o preço de suas dúvidas. Para nós, tantos séculos depois, e que ainda lutamos no mundo por uma democracia plena, o que fica é um valioso ensinamento: precisamos conhecer melhor a democracia grega e o pensamento de Sócrates. Eles ainda pertencem ao nosso cotidiano.

O nascimento da filosofia

A filosofia, como a conhecemos, nasceu na Grécia. E Sócrates, juntamente com seu discípulo Platão, e mais tarde o discípulo de Platão, Aristóteles, foram os três mais importantes filósofos do período clássico. Mas nem tudo começou com eles. De uma tentativa de compreensão religiosa e fantasiosa da realidade através dos mitos, os gregos passaram a olhar com mais atenção o mundo. A natureza e suas transformações, o homem e as formas de sua organização passaram a ser as principais preocupações dos filósofos.

Mas, o que é filosofia? Como os antigos gregos a entendiam? *Filo*, em grego, significa "amizade" e *sofia* é "sabedoria", portanto, filosofia é amizade, amor pelo saber, pelo conhecimento. Neste sentido, o pensamento grego começa na própria língua grega, principalmente na palavra *logos* (linguagem, pensamento, razão), que se opõe à palavra *mythos* (fantasia, imaginação). O conhecimento que a filosofia permite é o que tenta esclarecer o que os mitos esconderiam. Daí o filósofo Sócrates ter sido perseguido e condenado como um descrente dos valores mais caros aos que detinham o poder em Atenas.

Os primeiros filósofos gregos surgiram no século VI a.C.: Tales de Mileto, Anaximandro, Anaxímenes, Heráclito, Parmênides e Pitágoras, entre outros. Todos esses pensadores procuravam encontrar leis e regras capazes de explicar o funcionamento do universo.

A partir do século V, com Sócrates (470-399 a.C.), o foco da reflexão filosófica desviou-se da natureza para o homem e o mundo das ideias. Sócrates procurava questionar quase tudo o que normalmente era tido como certo. Ele utilizava o diálogo como método para levar as pessoas a perceberem sua própria ignorância e, a partir de então, fazer com que elas chegassem à sua própria verdade. E chamou seu método de *maiêutica* (parto das ideias). Sócrates influenciou as novas filosofias surgidas na Grécia a partir do século IV. Entre seus principais seguidores destacam-se Platão (427-347 a.C.) e Aristóteles (384-322 a.C.). O primeiro desenvolveu a teoria conhecida como platonismo, cujos princípios concentram-se na distinção do mundo entre o que é visível e sensível (mundo das coisas e dos seres) e o que é invisível e inteligível (mundo das ideias). Já Aristóteles utilizou-se da estrutura da lógica da argumentação para alcançar o conhecimento científico.

O cotidiano na vida dos escravos gregos: várias atividades e muitas habilidades.

Mulheres de Atenas

A sociedade ateniense, assim como o restante da Grécia, era uma sociedade patriarcal, portanto, o poder recaía sobre a figura masculina. As mulheres podiam desfrutar de poucos direitos oferecidos pela democracia grega. Somente os homens votavam nas assembleias e atuavam como jurados nos tribunais, por exemplo. Esperava-se que as mulheres permanecessem em casa, administrando os trabalhos domésticos e mantendo as tradições religiosas da família. Quando precisavam sair, iam às ruas com o rosto coberto por véus, acompanhadas e não podiam conversar com ninguém que encontrassem pelo caminho.

No entanto, essa reclusão só era possível entre as famílias mais ricas. Nas camadas mais baixas da sociedade, as mulheres eram obrigadas a trabalhar para sobreviver. Elas se dedicavam ao pequeno comércio ou atendiam nas tabernas, mas não eram encontradas nas atividades mais rentáveis, como o artesanato, a manufatura e os negócios.

Apesar da predominância masculina na sociedade, havia áreas na vida cívica e comunitária em que as mulheres desempenhavam papéis importantes, como nas festividades religiosas. Em muitos cultos, os gregos associavam a fertilidade feminina à fertilidade agrícola. Assim, a presença das mulheres na festa em homenagem à Deméter, deusa responsável pela proteção das colheitas, por exemplo, era a garantia de que a próxima safra seria bastante proveitosa.

Pintura em um vaso grego que mostra a partida de Iolas numa carruagem, assistido por Atena.

SUPLEMENTO DE LEITURA

O COTIDIANO DA HISTÓRIA

A democracia grega

Martin Cezar Feijó

editora ática

Nome ______ Escola ______

Professor ______ Ano ______

A civilização grega pode ser considerada uma das mais ricas de toda a história da Antiguidade. Ali, por exemplo, nasceram a filosofia e o teatro. Também foram os gregos que implantaram pela primeira vez a democracia como forma de governo. Nas atividades a seguir você poderá refletir sobre essas e outras questões para entender os fatores que transformaram a Grécia em referência para as sociedades ocidentais contemporâneas.

1 POR DENTRO DO COTIDIANO DA HISTÓRIA

1. A principal instituição da democracia ateniense era a Assembleia do Povo, em Atenas. Releia o capítulo 3 e descreva como funcionava uma sessão dessa assembleia.

2. Na democracia ateniense, os direitos políticos não eram estendidos a todas as pessoas. Apenas os cidadãos gozavam da plenitude dos direitos civis e tinham o direito de dar seu voto na Assembleia do Povo. Releia o capítulo *No Cerâmico*, e responda:

a) Para os atenienses, quem era considerado cidadão?

b) Quem não podia participar das decisões da Assembleia do Povo?

3. Glauce e Teodoro acompanharam os últimos momentos de vida do filósofo Sócrates e lamentaram a sua morte. Qual a importância de Sócrates para a história da filosofia?

4. No capítulo *No grande teatro de Dioniso*, vemos Teodoro representando a peça *Antígona*, de Sófocles. Que relação existe entre os gregos e o teatro?

2 UMA VISÃO DA HISTÓRIA

5. Uma das principais características da estrutura política da Antiga Grécia eram as pólis. Explique o que eram e quem fazia parte dela.

6. Qual a importância das reformas de Clístenes para o surgimento da democracia na Grécia?

7. Durante o governo de Péricles, Atenas viveu uma fase de grande desenvolvimento em diversas áreas do conhecimento humano. Um dos maiores destaques ficou por conta da arquitetura. Quais foram as mais importantes obras arquitetônicas surgidas nesse período?

8. Os gregos eram politeístas, ou seja, acreditavam em inúmeros deuses. Para eles, essas divindades interferiam diretamente na vida das pessoas, manifestando-se a elas por meio de sonhos, trovões, animais etc. Elabore um texto a respeito dos deuses da Antiga Grécia.

3 REFLETINDO SOBRE OUTROS TEXTOS

9. Péricles é considerado um dos mais importantes governantes da Antiga Grécia. Durante seu governo, Atenas viveu o auge da civilização helênica. Abaixo, apresentamos um discurso de Péricles, reproduzido pelo historiador grego Tucídides. Leia o texto com atenção e depois responda às perguntas:

"Temos um regime que nada tem a invejar das leis estrangeiras. Somos antes exemplos que imitadores. Nominalmente, como as coisas não dependem de uma minoria, mas ao contrário, da maioria, o regime se denomina democracia. No entanto, se, em matéria de divergências

particulares a igualdade de todos diante da lei é assegurada, cada um, em virtude das honras devidas à posição ocupada é julgado naquilo que pode ocasionar sua distinção: no que se refere à vida pública, as origens sociais contam menos que o mérito, sem que a pobreza dificulte a alguém servir à cidade por causa da humildade de sua posição. Vivemos em liberdade, não somente em termos de vida política, mas também na vida quotidiana, em tudo o que uns possam pensar sobre os outros. Não nos encolerizamos contra o próximo se este se diverte com o que quer que seja (...) Mas por mais tolerantes que sejamos nas relações particulares, recusamos absolutamente, nas questões públicas, fazer algo de ilegal – teríamos medo! Damos ouvidos àqueles que se sucedem nas magistraturas, às leis e especialmente àquelas criadas para proteger as vítimas e àquelas leis não escritas que merecem respeito unânime."

(Extraído de *100 textos de História Antiga*, Jaime Pinsky. São Paulo, Editora Contexto, 2001, p. 94-95.)

a) De acordo com Péricles, quais as características da democracia ateniense?

b) Por que Péricles afirma que os atenienses se recusam a fazer algo considerado ilegal?

4 HISTÓRIA: O PASSADO E OS NOSSOS DIAS

10. No capítulo *Na ágora do Cerâmico*, Sócrates diz para Teodoro: "Eu já disse e repito: quanto mais conheço, quanto mais sei, mais descubro que nada sei". Elabore uma dissertação analisando essa frase do filósofo grego. Em seu texto, procure levantar os seguintes aspectos:

a) Como podemos interpretar essa afirmação de Sócrates?

b) Você concorda com a frase? Por quê?

A Grécia dominada

Morto em 399 a.C., Sócrates não viu as mudanças ocorridas na Grécia ao longo do século IV a.C. Inúmeras convulsões sociais e guerras internas deixaram os gregos cada vez mais fracos e suscetíveis a ataques externos e culminaram na invasão da Grécia pela Macedônia.

Os macedônios eram um povo de origem desconhecida que habitava o norte do território grego. Sua população era formada basicamente por pastores e agricultores. Eles viviam tão isolados de tudo o que acontecia na Grécia que os gregos costumavam chamá-los de bárbaros. Em 359 a.C., Filipe II, um jovem de apenas 23 anos, tornou-se rei dos macedônios. Ele organizou um poderoso exército e deu início a uma política de expansão territorial. Sua influência no mundo mediterrâneo cresceu tanto que, em 338 a.C. ele foi aclamado governante de todo o território grego. Dois anos mais tarde, no entanto, Filipe II foi assassinado por um guarda-costas e o trono passou para as mãos de seu filho, Alexandre.

Ao se tornar rei da Macedônia, Alexandre tinha apenas 20 anos. Ele, porém, revelou-se um governador habilidoso e um dos mais importantes líderes militares da história da humanidade. Alexandre impôs seu domínio sobre o povo grego e deu início a uma série de campanhas militares pelo Oriente Próximo, Egito e Ásia, território antes dominado pelos persas, que culminaram na formação de um enorme império, cujas fronteiras chegavam até a Índia. Pelos lugares por onde passava, o jovem rei difundia a cultura grega, o que contribuiu para grandes avanços em áreas como matemática, astronomia, física; da fusão da cultura grega e oriental originou-se o helenismo.

O reinado de Alexandre durou pouco. Em 323 a.C., ele contraiu uma doença e morreu. O império alexandrino esfacelou-se em diversos reinos. Novas lutas internas e o aumento da pobreza contribuíram para o declínio político desses territórios. Ao mesmo tempo em que a Grécia se enfraquecia, um novo poder político e militar se formava na Europa: Roma. Em 146 a.C., os romanos invandiram e conquistaram o território grego e ali permanceram por vários séculos. Do encontro entre gregos e romanos, estavam sendo lançadas as sementes que viriam dar origem ao chamado mundo ocidental.

Pintura do século XVIII, do artista Louís David, reproduzindo o momento em que Sócrates toma cicuta.

Cronologia

Século XX a.C.	Início provável das migrações dos indo-europeus que povoaram regiões da Grécia durante quase um milênio: aqueus, eólios, jônios e, por último, os dórios.
Século X a.C.	Formação das comunidades baseadas na agricultura, cerâmica e metalurgia, em terras de propriedade coletiva e trabalho feito por rodízio entre os membros. Os *genoi* eram comandados pelos *basileis*.
Século VIII a.C.	Desintegração dos *genoi*. Surgimento da propriedade privada, de classes sociais diferenciadas e do Estado. Colonização grega no mar Egeu, Ásia Menor e sul da Itália.
Século VII a.C.	Desenvolvimento das atividades mercantis. Em Atenas, principalmente, surgem novas classes com novos interesses. A luta política se acirra.
594 a.C.	Reformas de Sólon. Na *economia*: moeda padronizada, promoção da entrada de estrangeiros em Atenas, exploração de minas de prata, estabelecimento de pesos e medidas; na *sociedade*: anistia geral e fim da escravidão por dívidas; e na *política*: ampliação da participação pelo critério de renda.
560-510 a.C.	Período das tiranias. Consolidação das reformas econômicas e sociais. Crise do sistema político.
508-507 a.C.	Reforma política de Clístenes em Atenas. Instituição do regime democrático. Clístenes estabelece o critério regional para a participação política, amplia o Conselho dos Cidadãos, e permite a todos os cidadãos terem os mesmos direitos políticos.
490 a.C.	Início da guerra entre os persas e os gregos. Os persas tiveram vantagens até 479 a.C., mas a partir da ofensiva grega, em 478 a.C., sofrem significativas derrotas. A cidade grega mais beneficiada com a guerra foi Atenas, que vive seu apogeu por volta de 454 a.C., quando o Tesouro de Delos é para ela transferido.
470 a.C.	(?) Nascimento de Sócrates, contemporâneo da guerra contra os persas e entre os gregos, onde serviu inclusive como soldado.
444-431 a.C.	Governo de Péricles. Apogeu político, econômico e cultural de Atenas. A cidade é reconstruída e embelezada. Péricles instituiu a remuneração pela participação política. Deposto em 431 a.C., foi reeleito dois anos depois, pouco antes de morrer.
431-404 a.C.	Guerra do Peloponeso. Luta entre cidades gregas rivais, principalmente Atenas e Esparta, pelo domínio de toda a Grécia. A vitória de Esparta sobre Atenas irá enfraquecer a democracia desta última.
404-403 a.C.	Governo dos trinta tiranos em Atenas. Com o apoio de Esparta, ocorre uma tentativa de abolir a democracia em Atenas.
403 a.C.	Restabelecimento da democracia em Atenas. Mas a cidade não será mais a mesma: é o início de sua decadência.
399 a.C.	Processo e condenação de Sócrates à morte.
387 a.C.	Platão funda em Atenas a Academia.
338 a.C.	Depois de um longo período em que as cidades gregas lutaram entre si, Filipe da Macedônia, obtendo a vitória na Batalha da Queroneia, conquista a Grécia. É o fim da autonomia das cidades gregas; elas passam a fazer parte do Império Macedônico.